Bem-vindo ao mundo encantado dos desenhos para colorir! Este livro foi criado especialmente para aqueles que amam arte, exploração e criatividade. Aqui você encontrará uma variedade de desenhos detalhados e cativantes, que irão levá-lo a uma jornada de relaxamento e inspiração.

Cada desenho foi cuidadosamente elaborado para proporcionar horas de entretenimento e diversão. Desde belas paisagens naturais até criaturas míticas e personagens encantadores, existe um universo de possibilidades esperando para ganhar vida através das cores.

Além da oportunidade de desenvolver suas habilidades artísticas, colorir traz inúmeros benefícios para a mente e o bem-estar. É uma forma de meditação que acalma os pensamentos e alivia o estresse do dia a dia. Encontre um momento de paz, mergulhe na paleta de cores e deixe sua imaginação fluir livremente.

Não importa se você é um artista experiente ou um iniciante entusiasmado, este livro é para todos. Use lápis de cor, canetinhas, aquarelas ou qualquer outro material de sua preferência. Este é o seu momento de se desconectar do mundo exterior e se conectar com a sua própria criatividade.

Prepare-se para adentrar um mundo mágico e cheio de possibilidades. Comece a explorar essas páginas e descubra um novo universo de cores e desenhos para colorir. Aproveite essa jornada artística e divirta-se em cada traço.

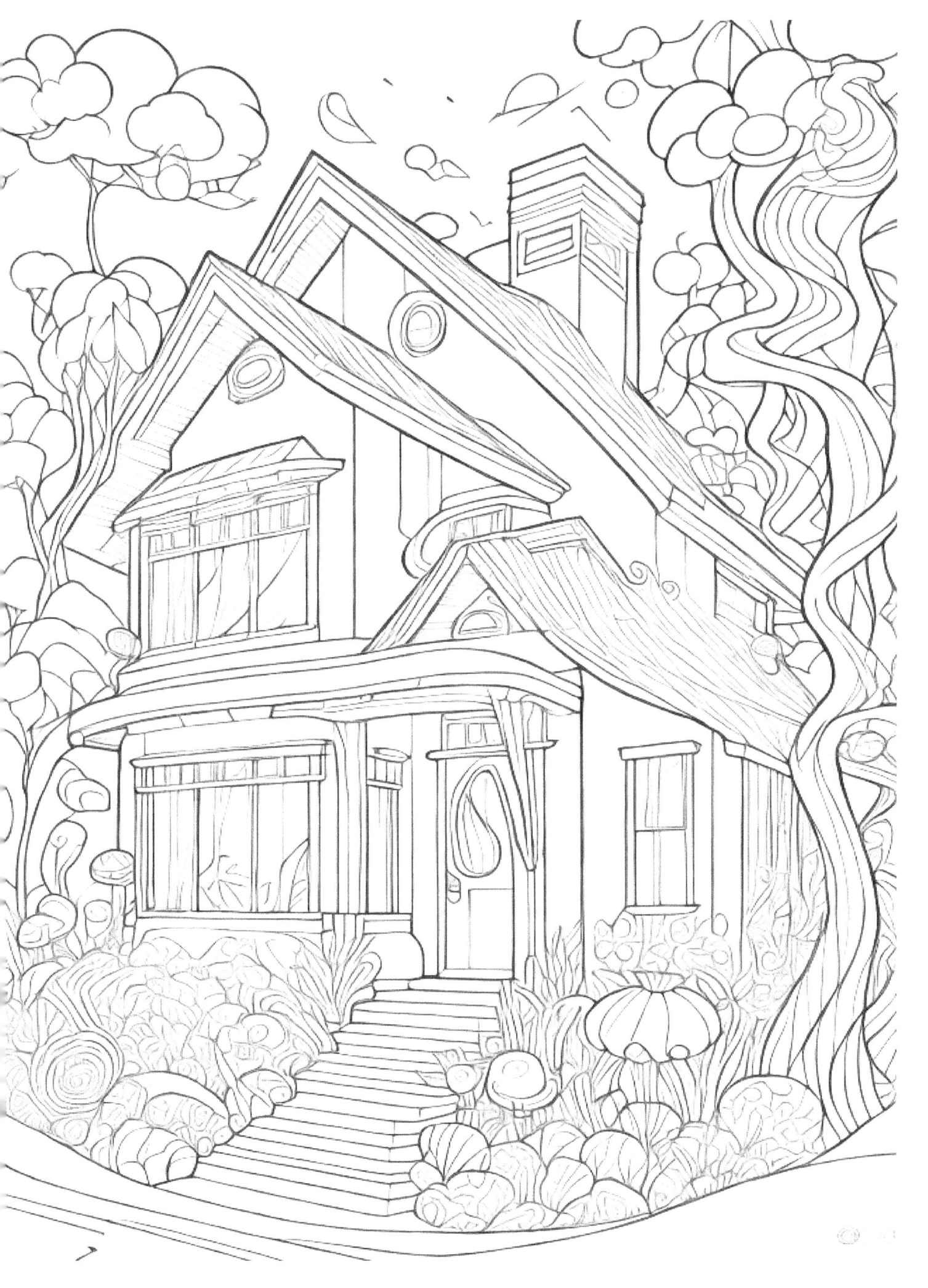

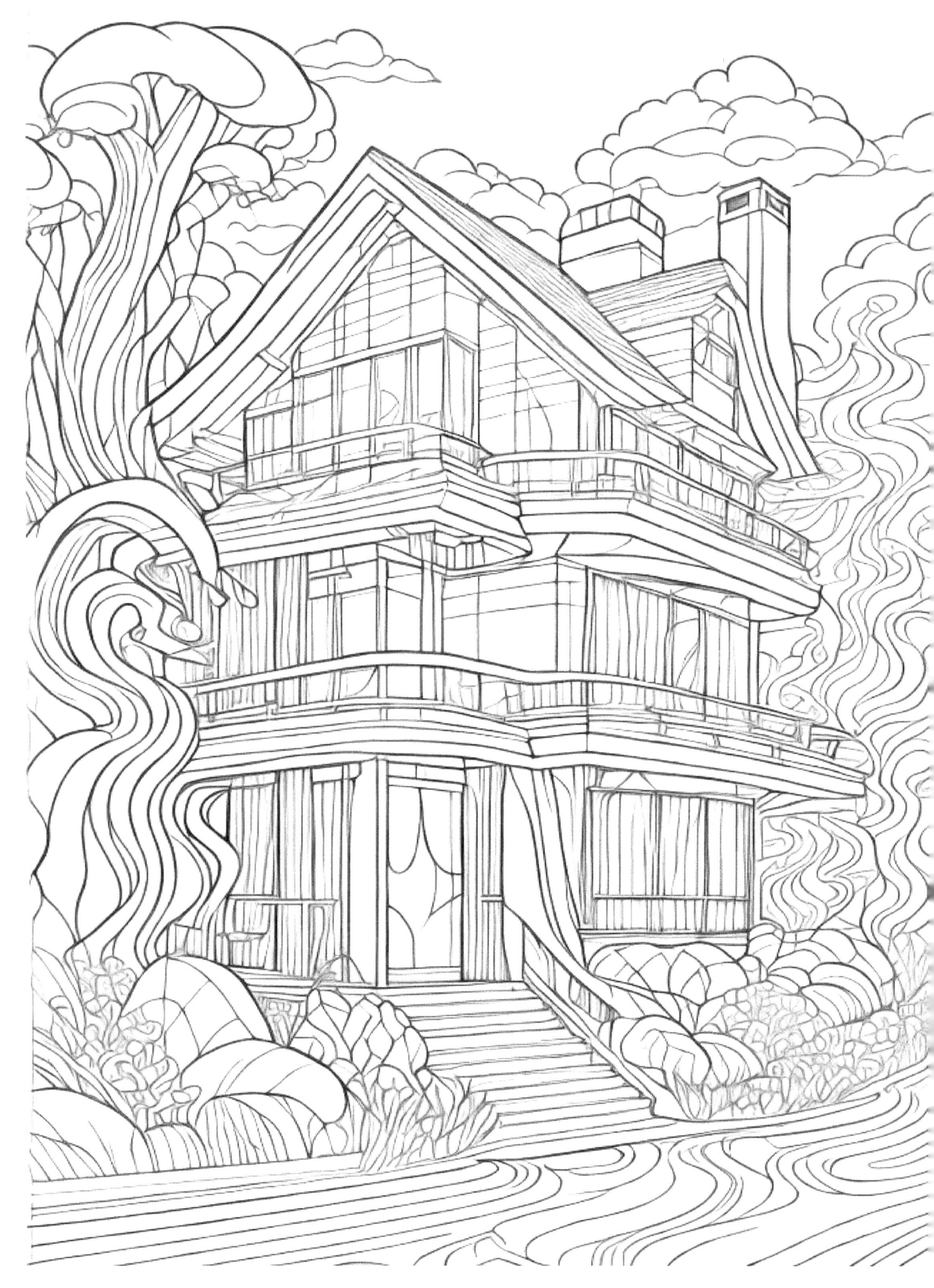

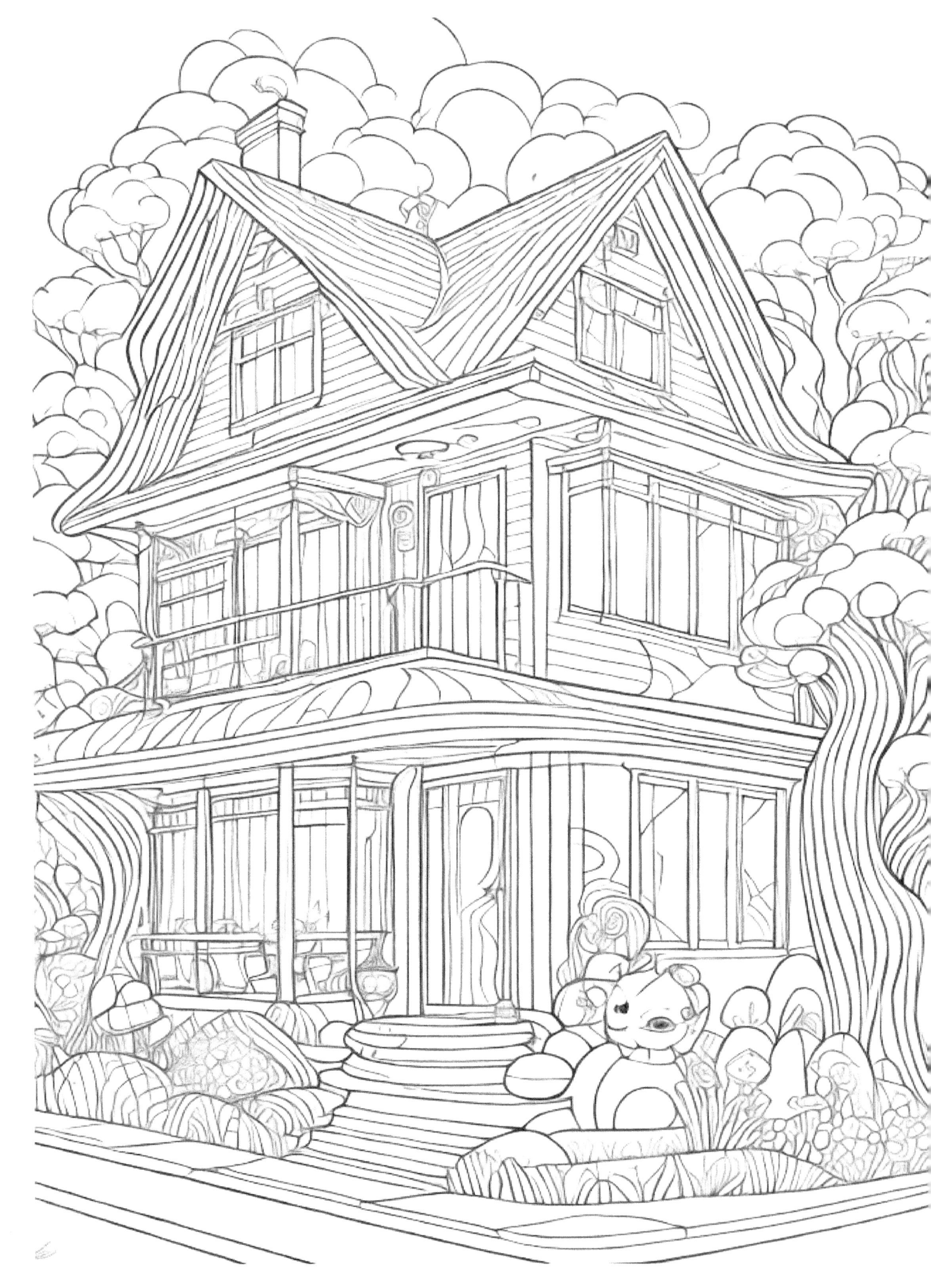

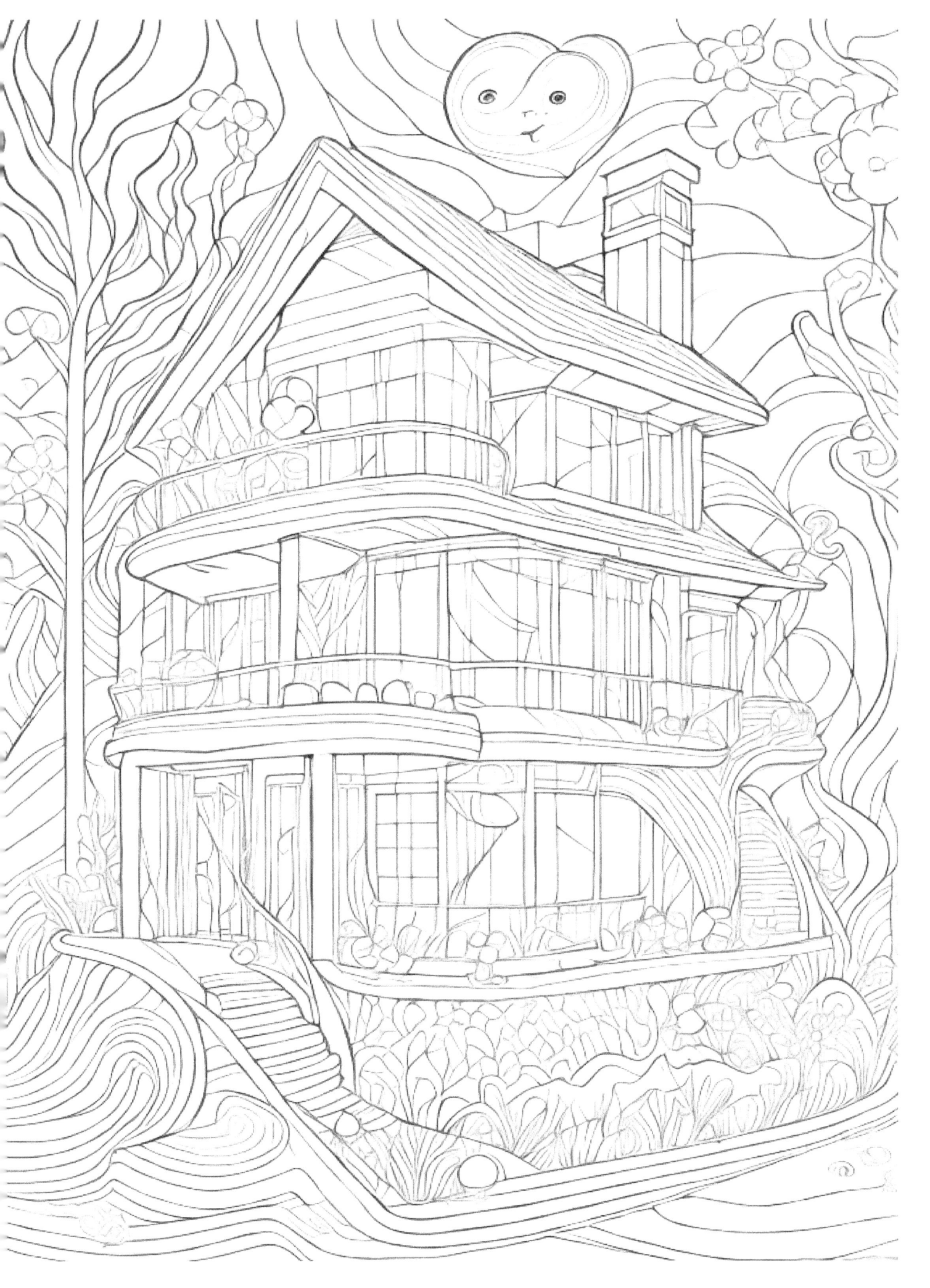

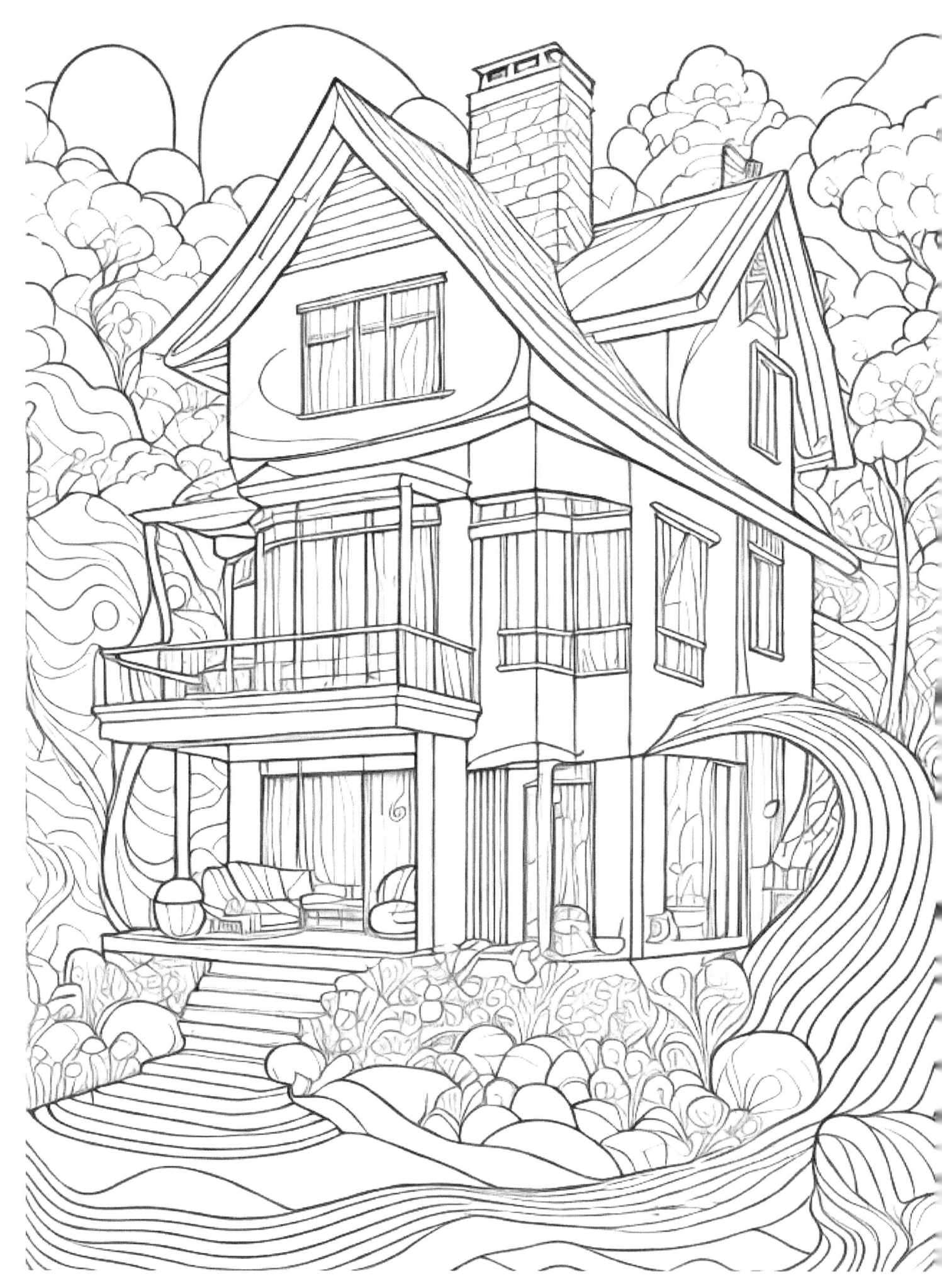

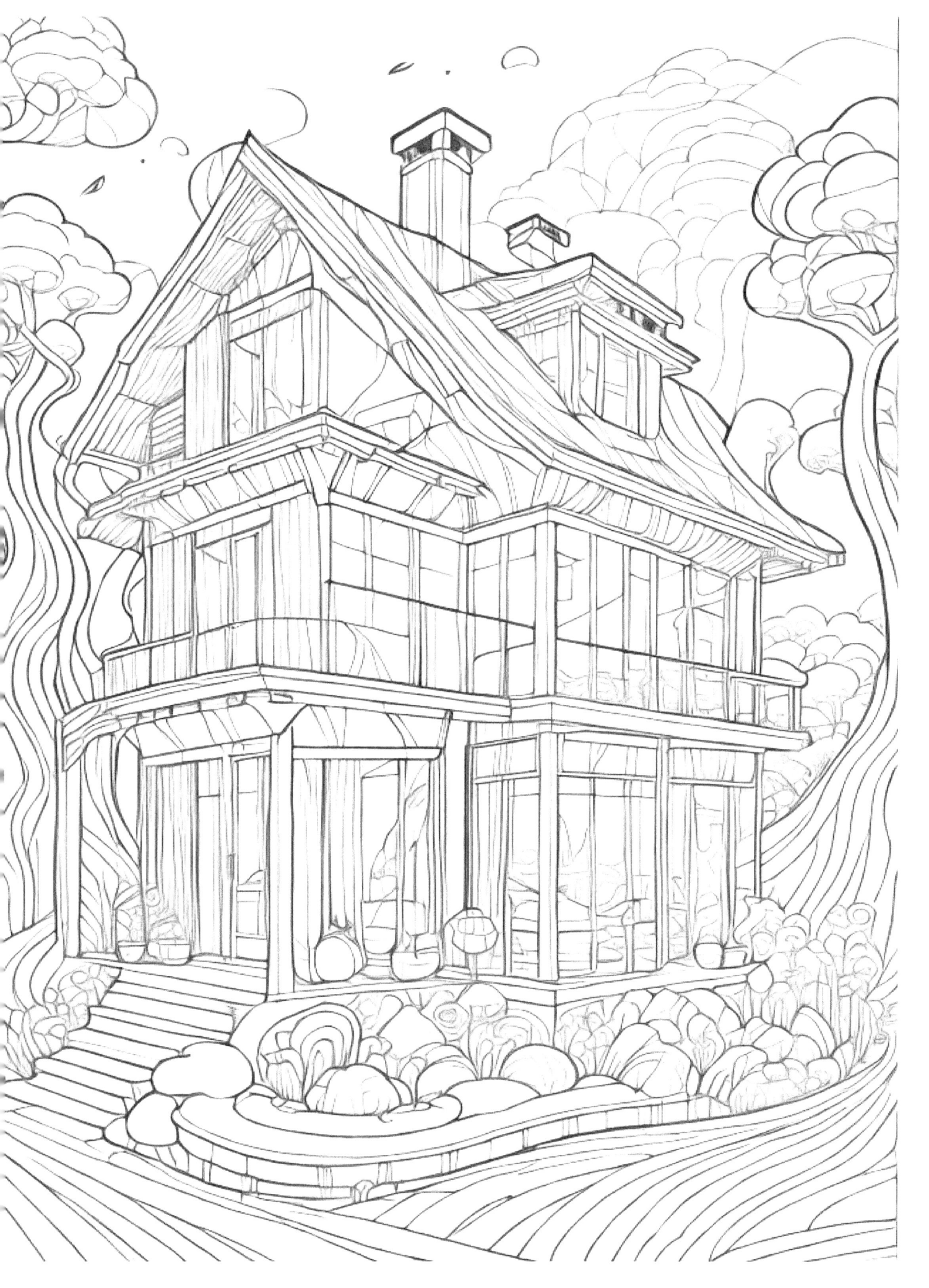

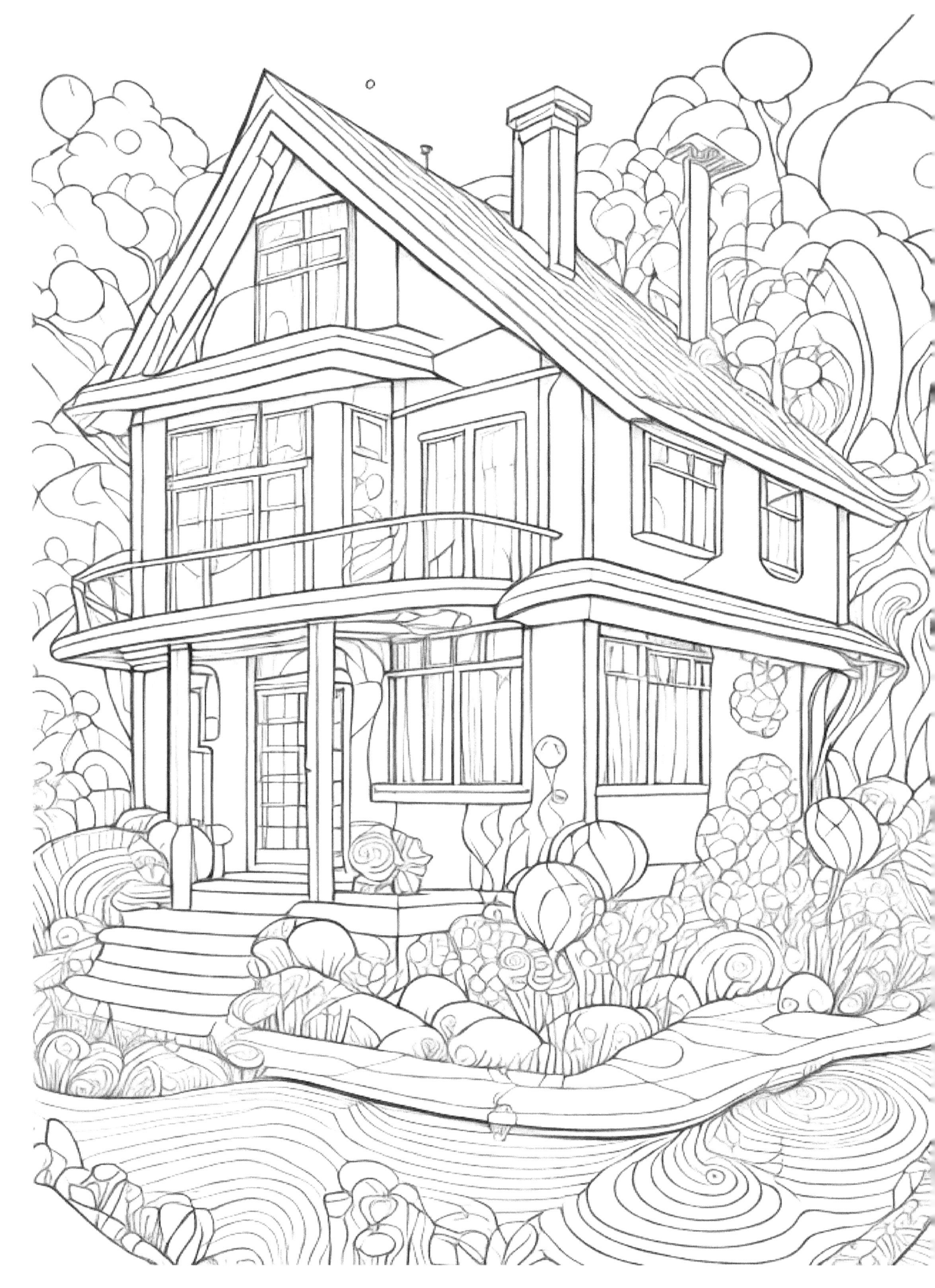

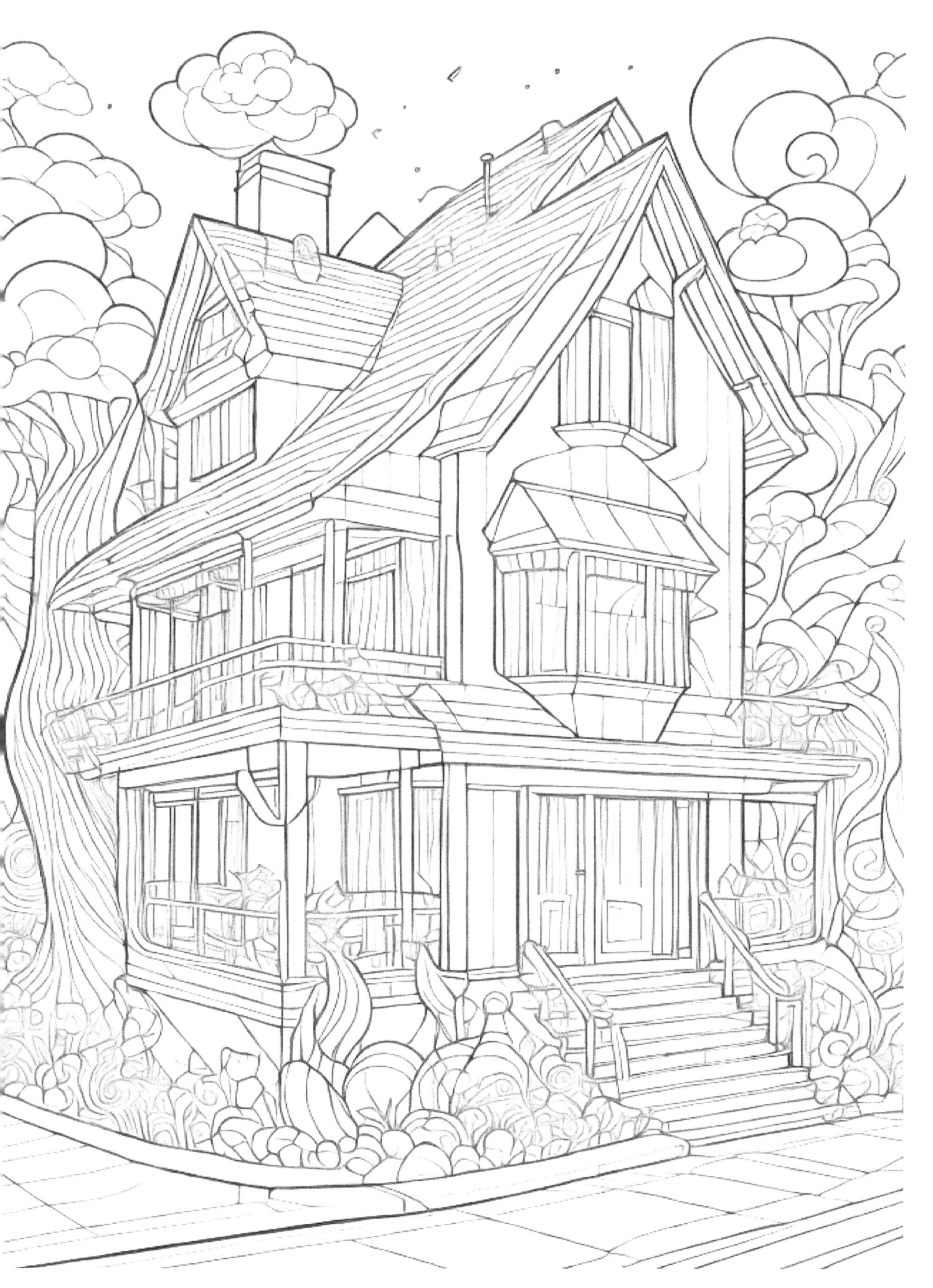

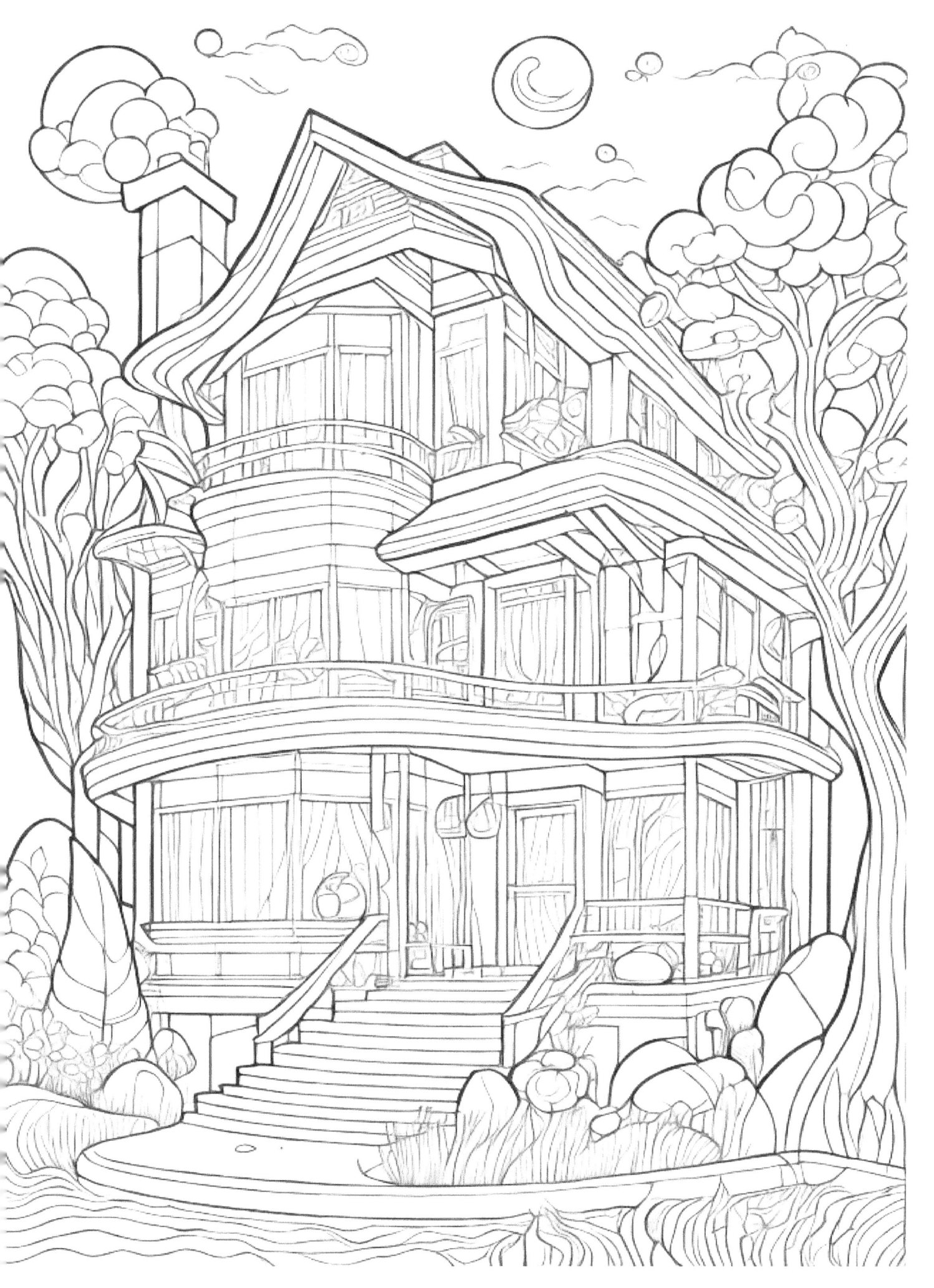

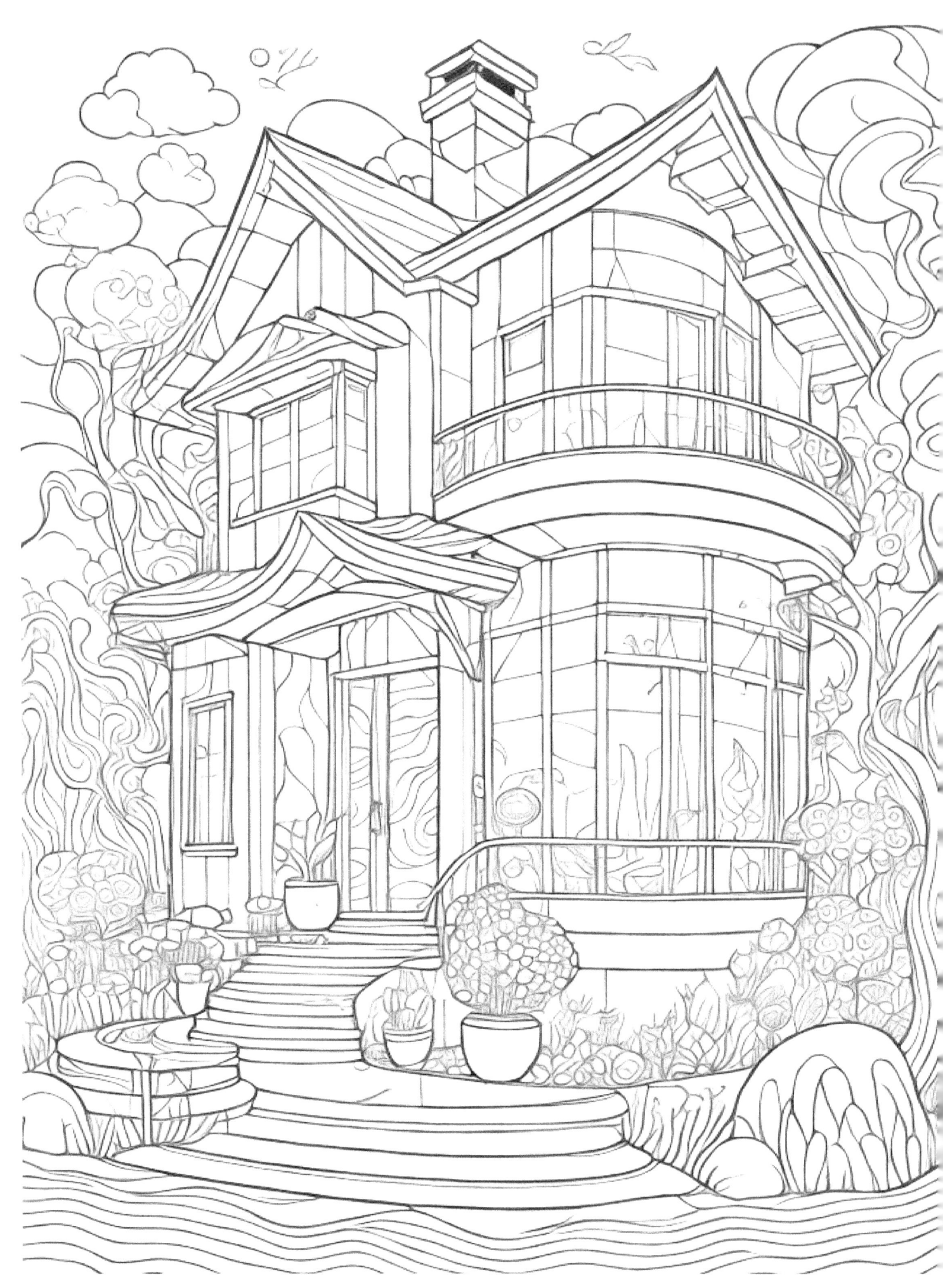

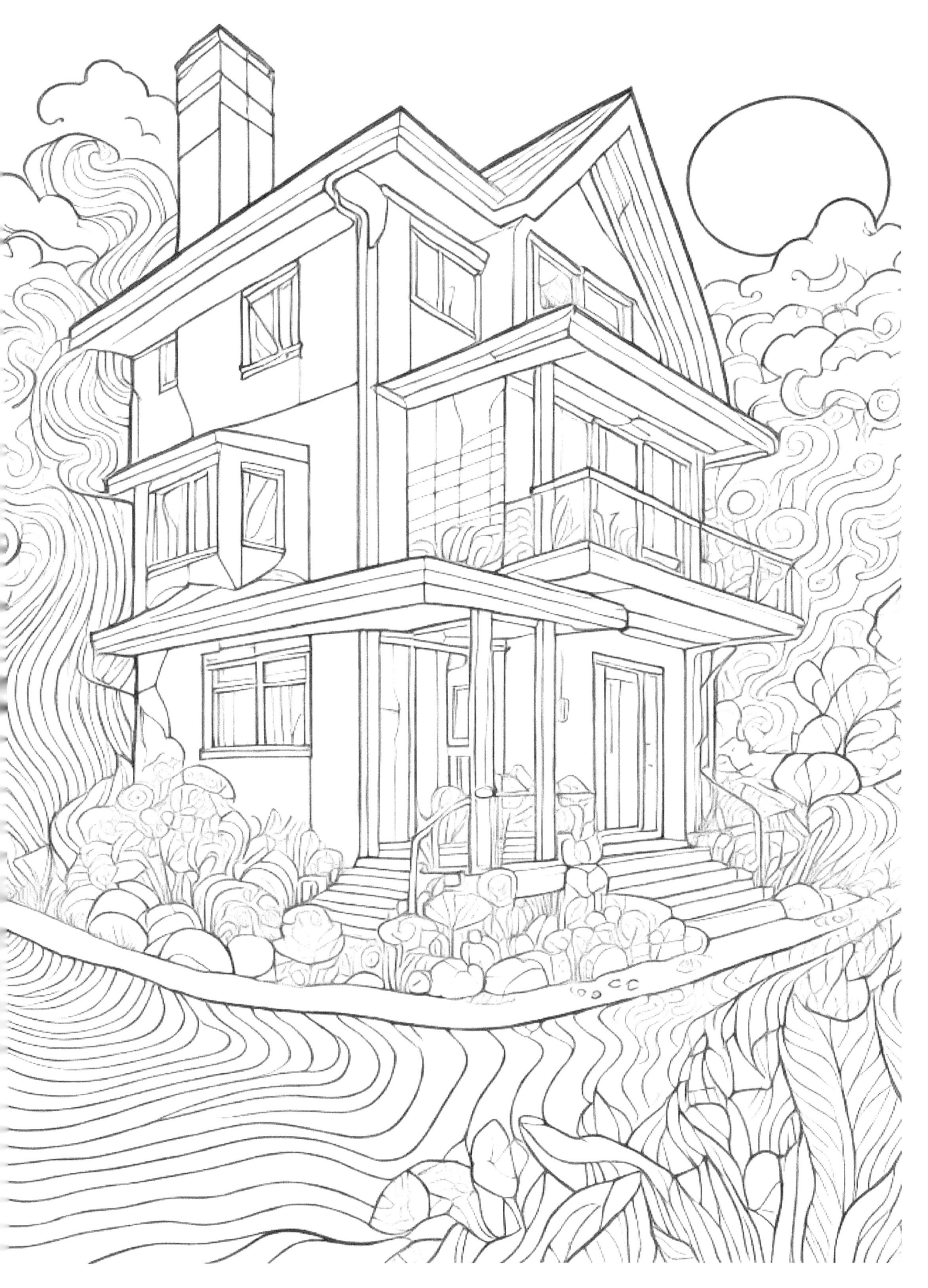

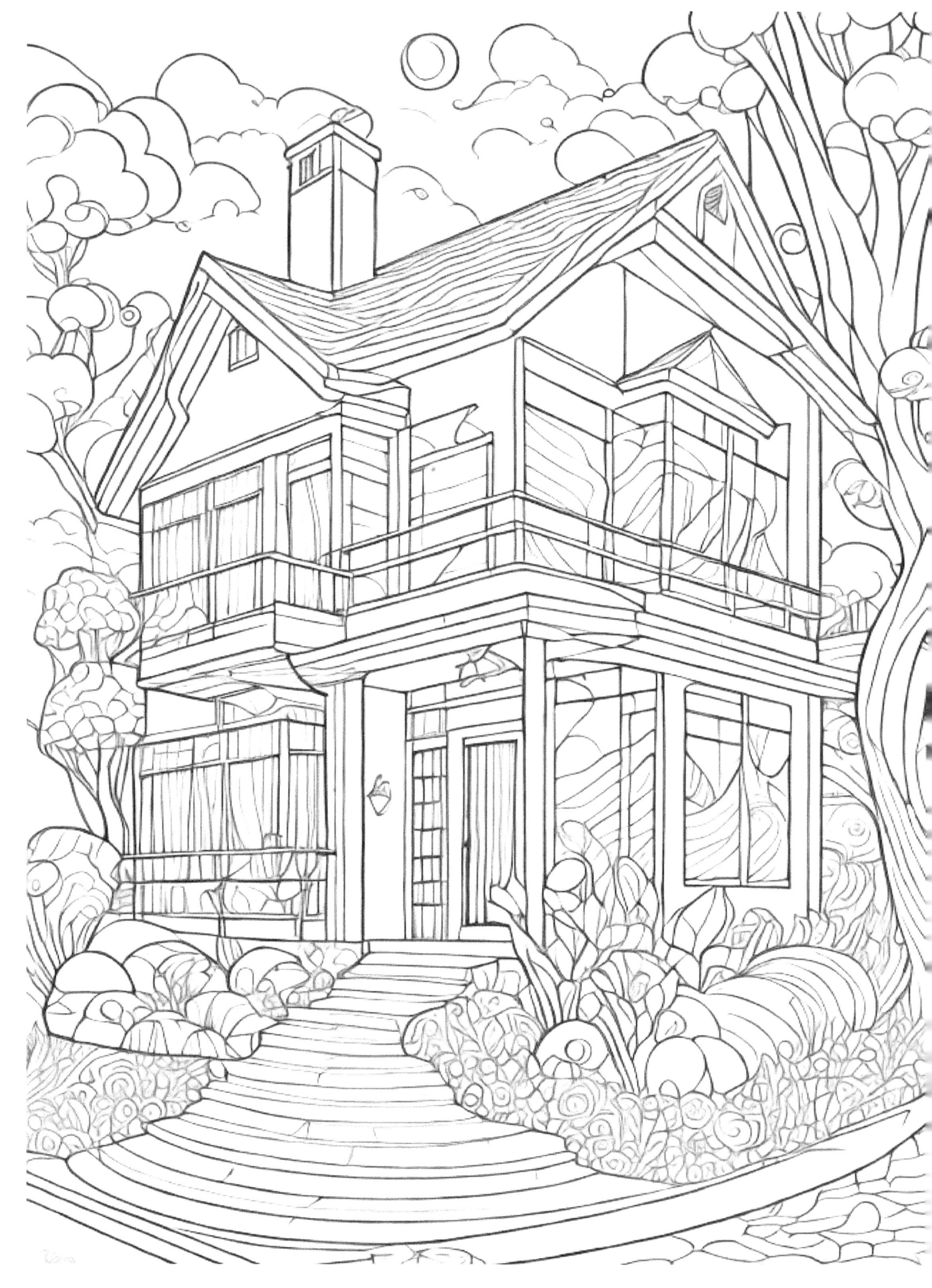

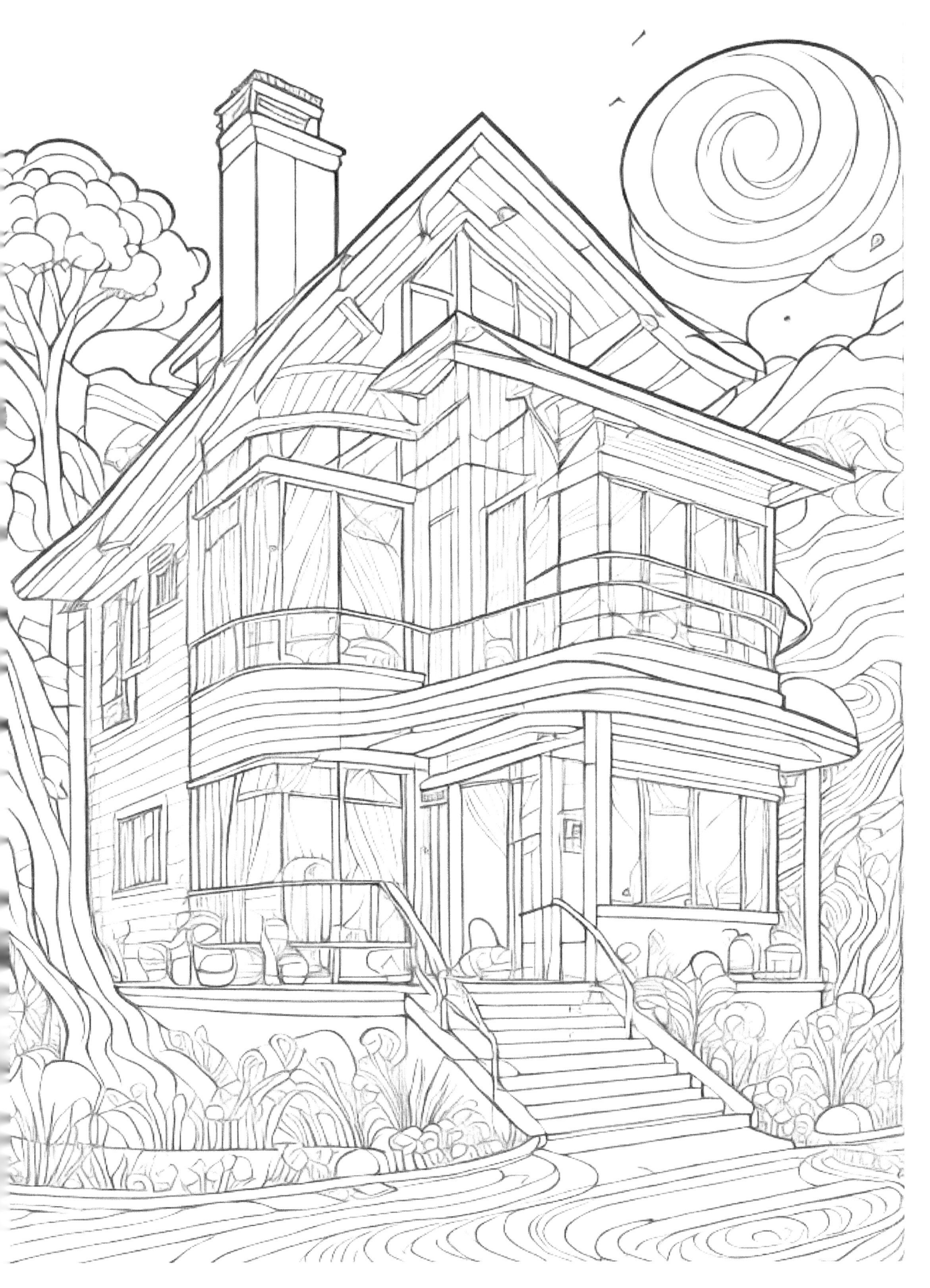

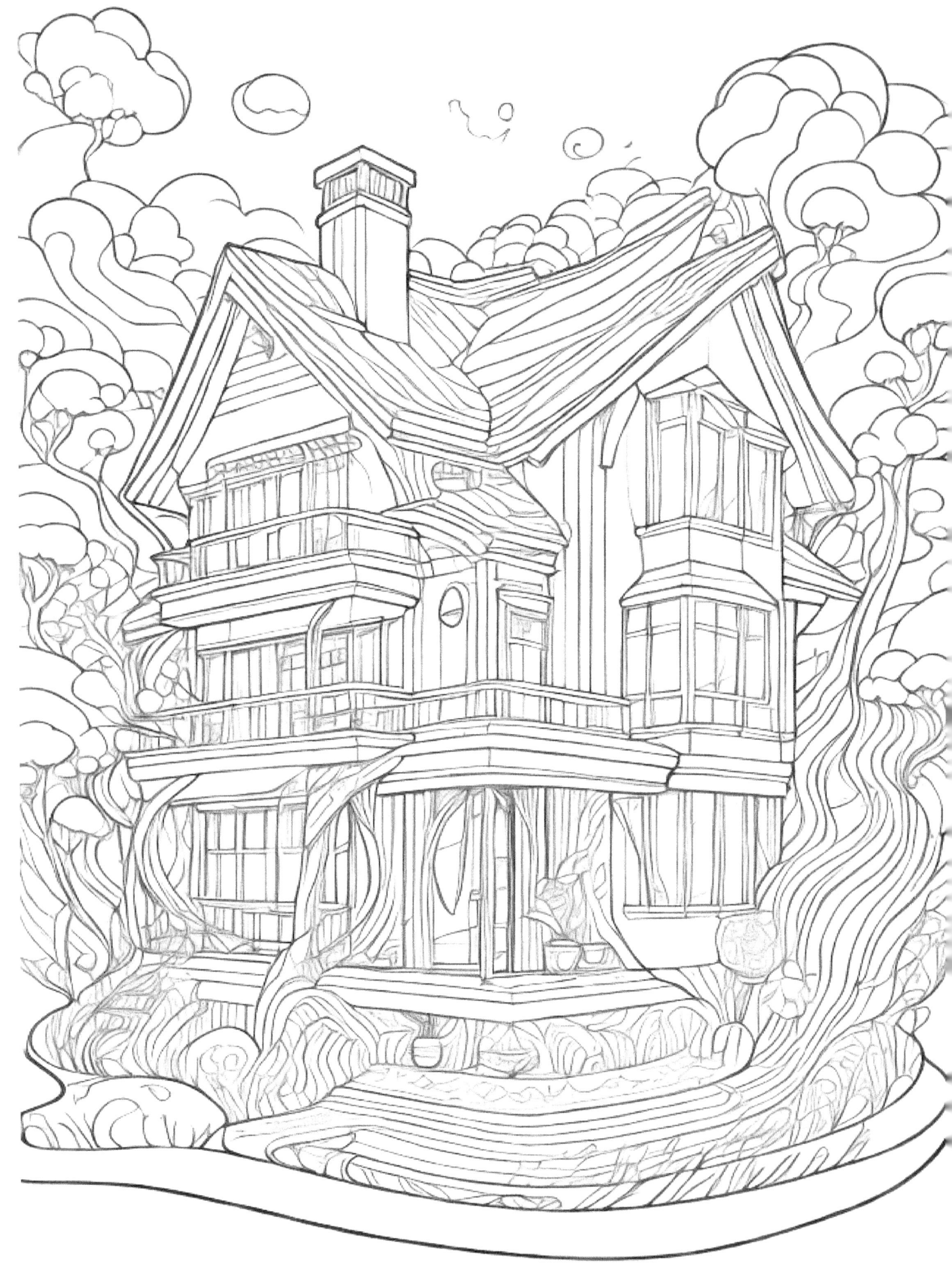

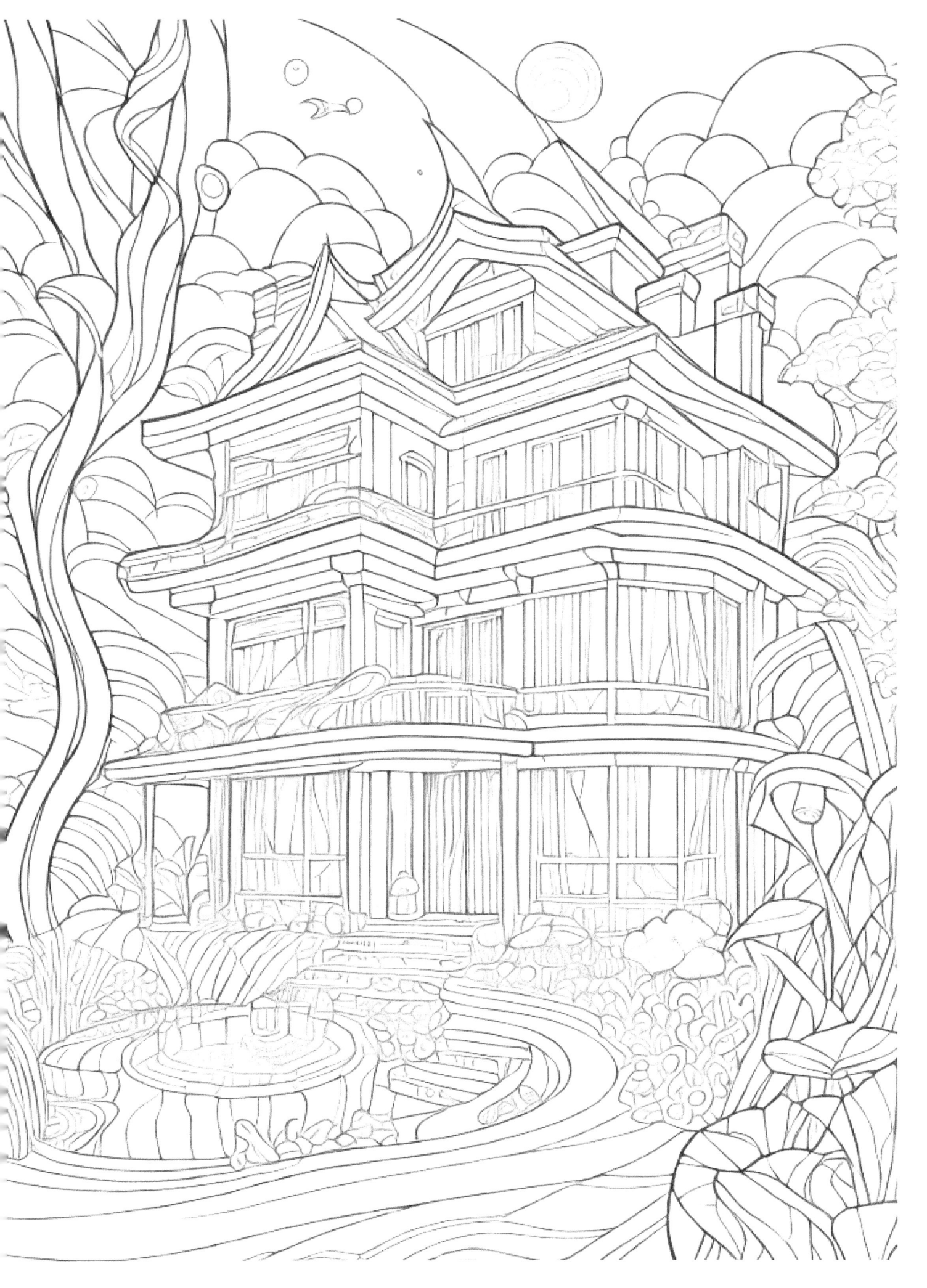

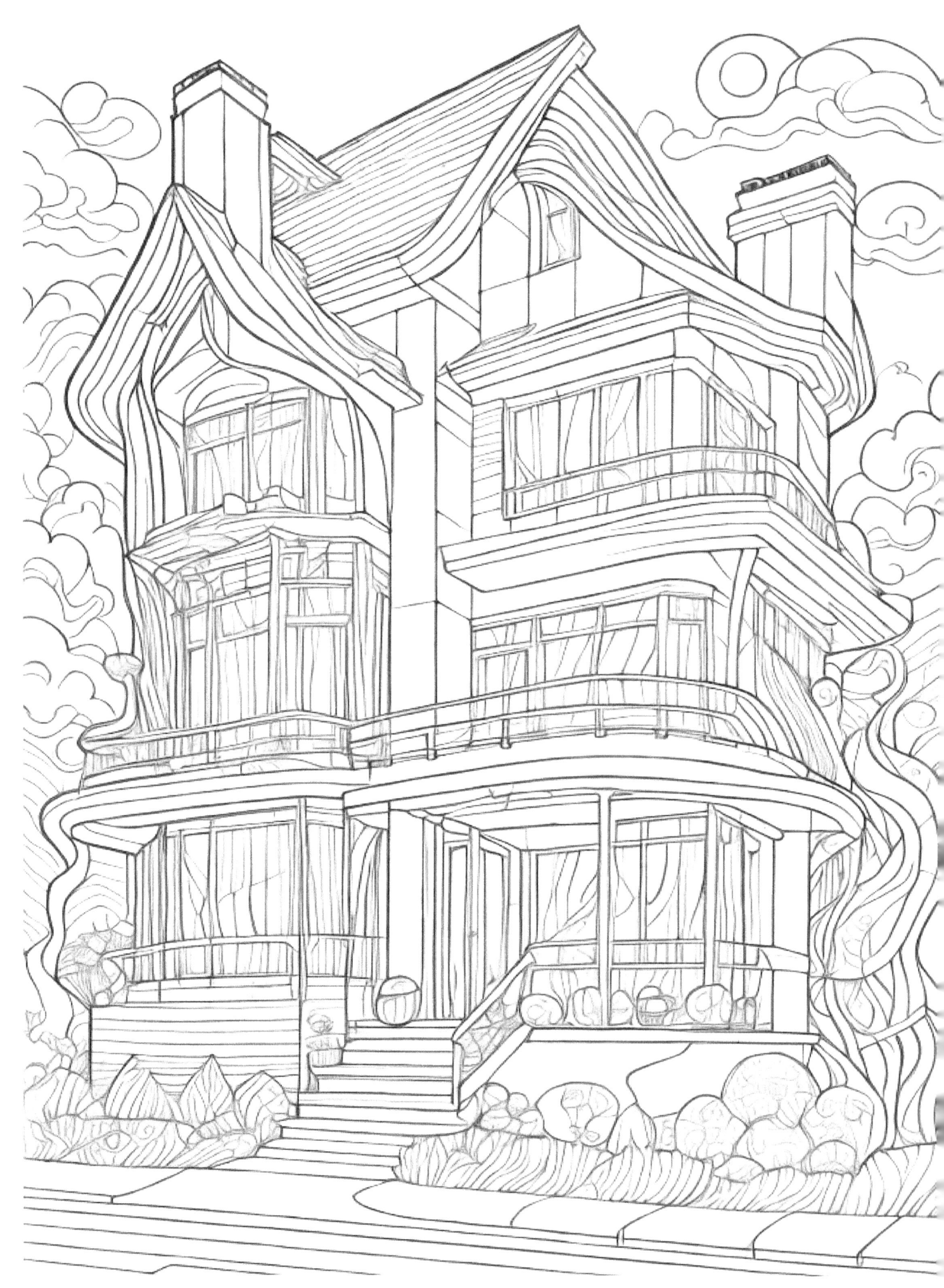

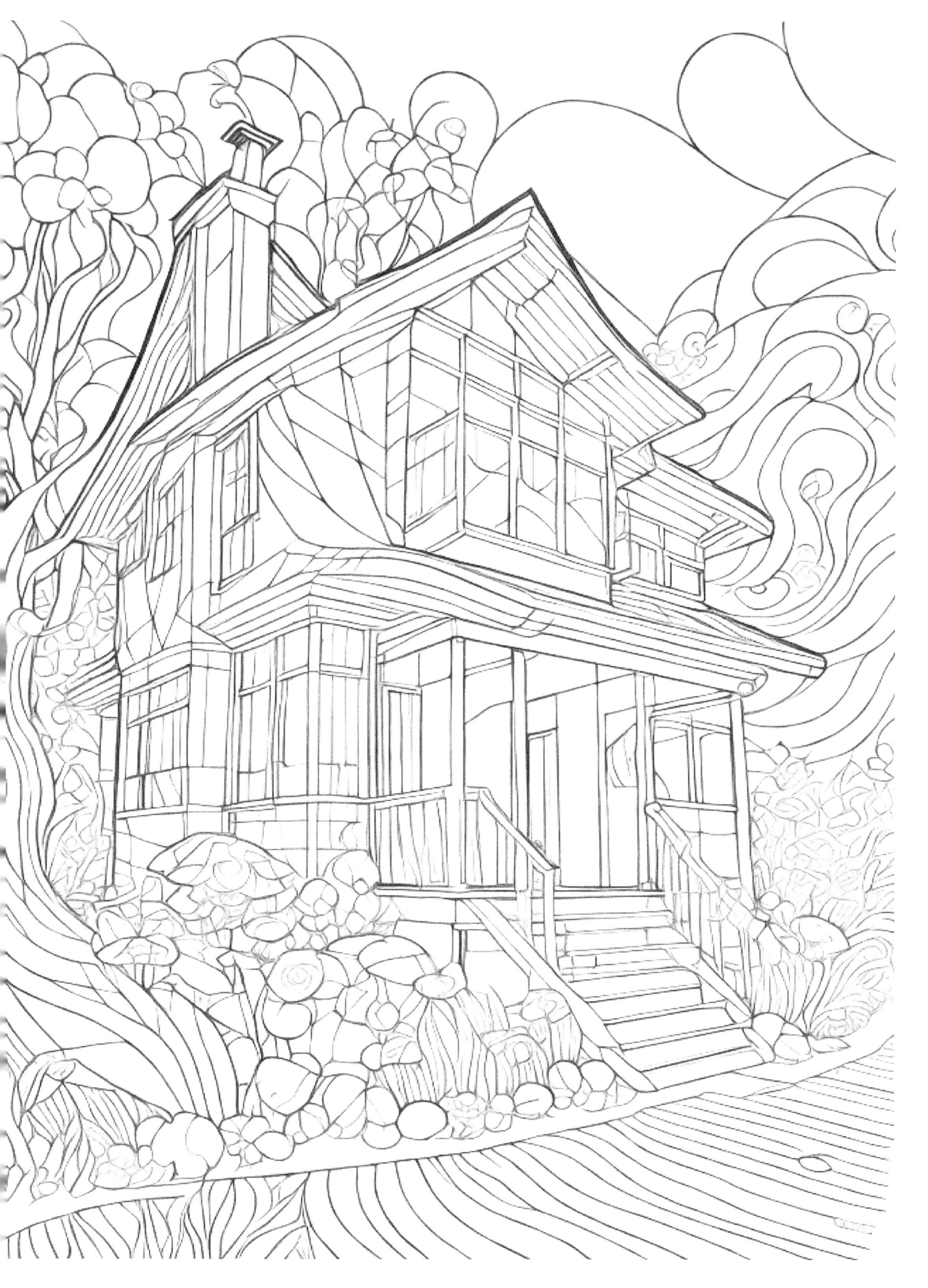

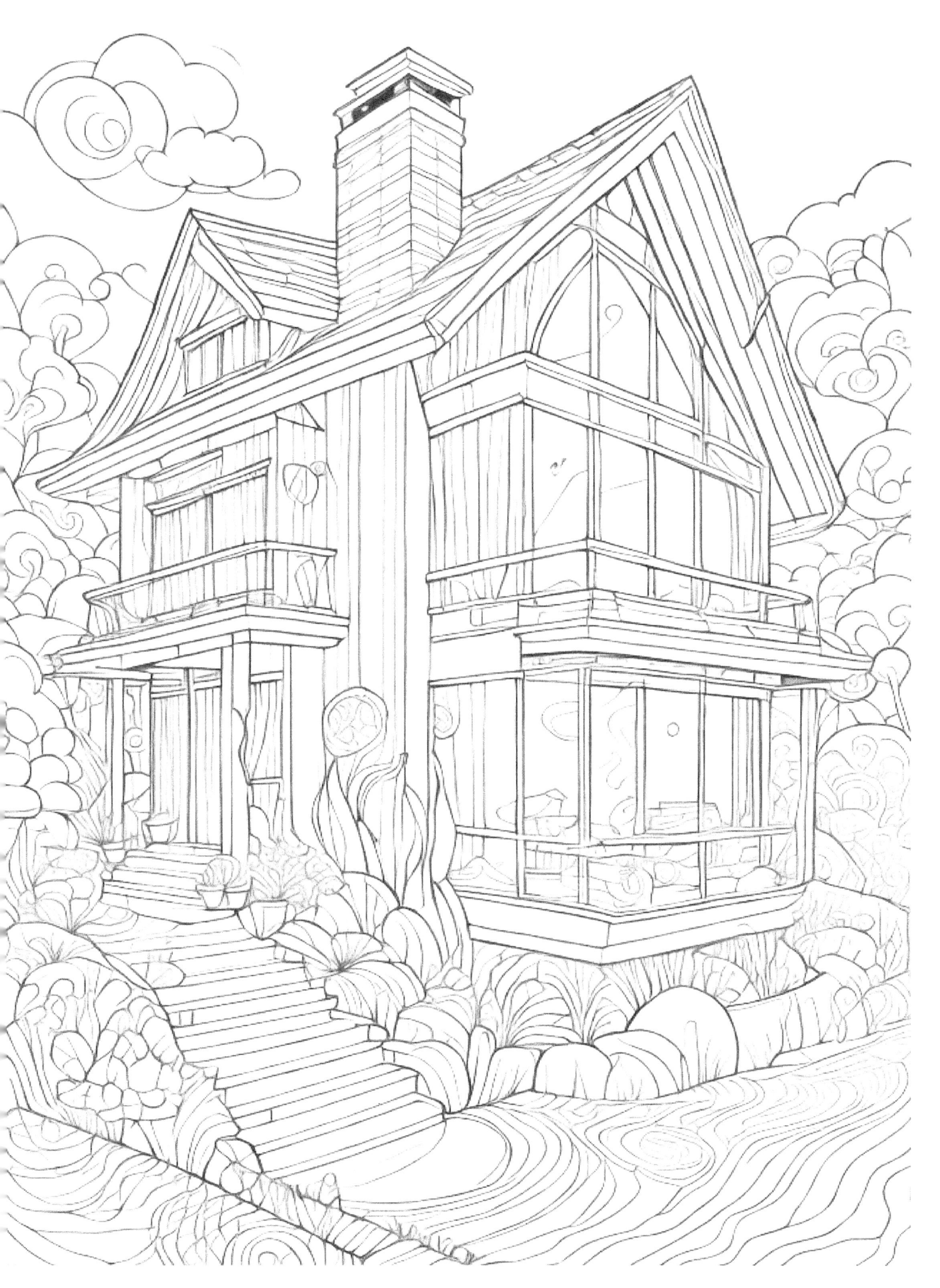

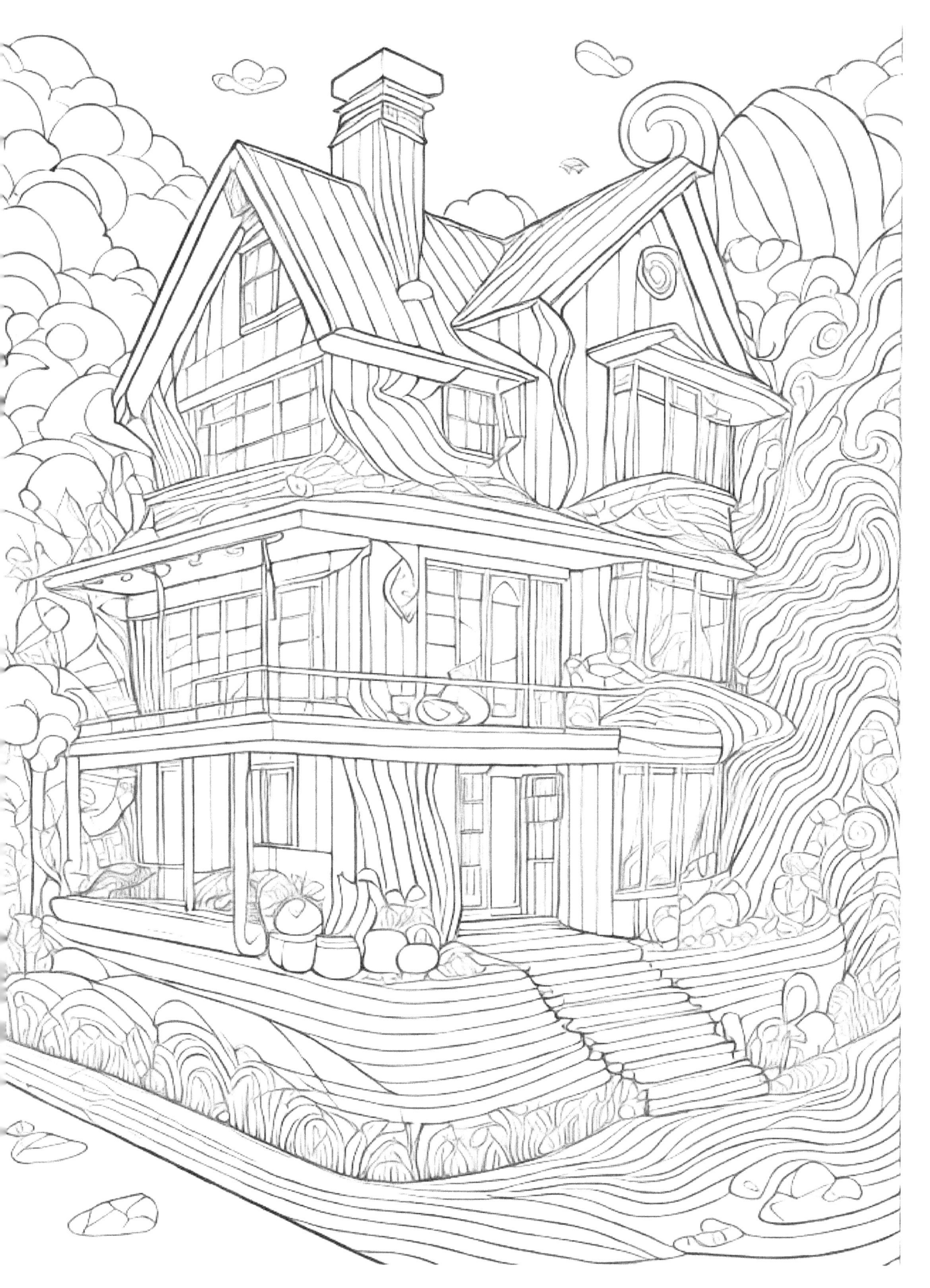

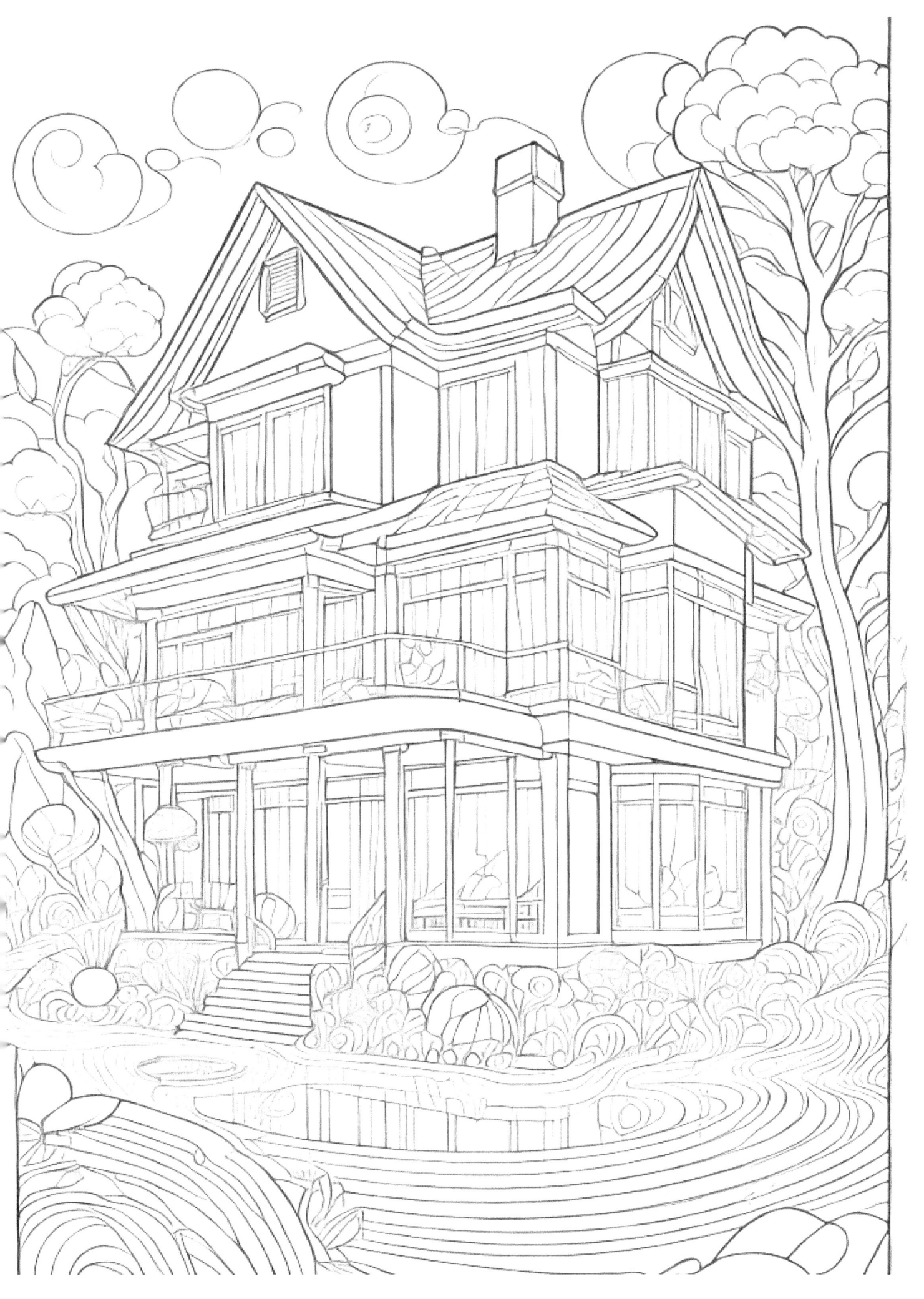

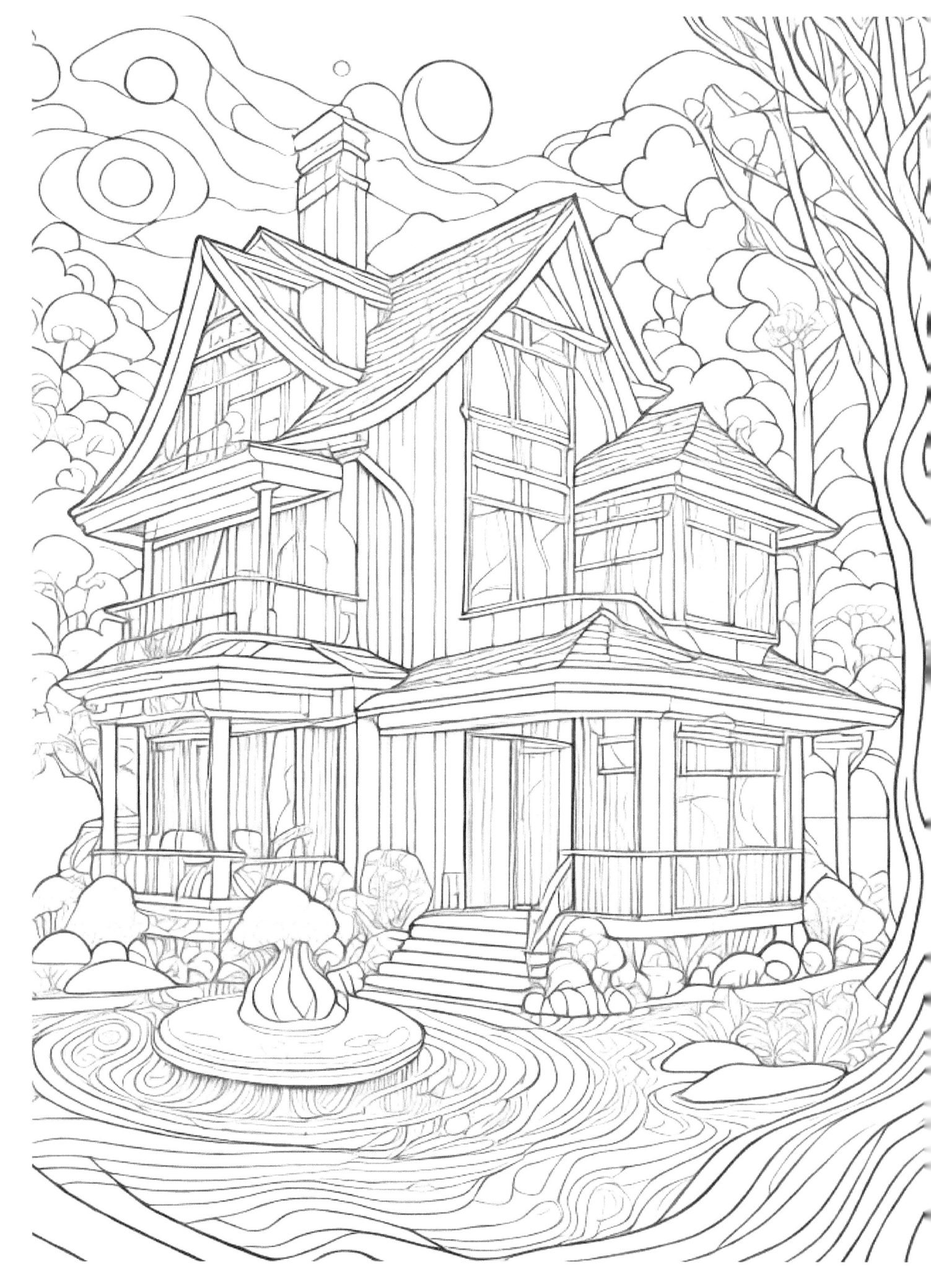